RÉSUMÉ

DU SYSTÈME DE NÉTOIEMENT

DE LA VILLE DE PARIS.

IMPRIMERIE DE DAVID,
Boulevart Poissonnière, n° 6.

RÉSUMÉ

DU

SYSTÈME DE NÉTOIEMENT

DE

LA VILLE DE PARIS,

PAR

M. CHAUMETTE.

PRIX : 1 FR.

PARIS,

CHEZ NOEL LEFEVRE, LIBRAIRE,

RUE QUINCANPOIX, N° 57.

ET CHEZ LES MARCHANDS DE NOUVEAUTÉS.

1829.

RÉSUMÉ

DU SYSTÈME DE NÉTOIEMENT

DE LA VILLE DE PARIS.

Le cheval rend à l'homme de grands services, mais à de graves conditions : capital de l'achat, intérêt, chances de mort précoce ou frais d'assurance, dépérissement graduel, nourriture, litière, pansement, loyer d'écurie et magasins, ferrage, harnais, vétérinaire ; l'emploi des hommes n'est sujet à aucun de ces inconvéniens ; il ne faut donc se servir des chevaux que *dans les cas indispensables*.

Dans les arts, on reconnaît deux opérations distinctes, celle de *force* et celle *d'adresse* ou de *manipulation*.

La force d'un cheval représente celle de sept hommes ; il doit donc être préféré pour les opérations de *pure force*, les transports continus, etc.

Mais il faut exclusivement employer les hommes pour les travaux de manipulation, lors même qu'un peu de force devient alternativement nécessaire.

Une considération politique commande aussi

cette préférence : l'agriculture et l'industrie ont toujours besoin de chevaux (qui d'ailleurs ne menacent jamais la tranquillité publique); ne fût-ce que parce qu'ils sont hommes, il faut occuper les malheureux qui abondent dans les grandes villes.

Un cheval attelé seul donne toute sa force, deux chevaux attelés ensemble (surtout l'un devant l'autre) n'ayant pas la même intelligence, la même volonté, la même allure (native ou habituelle), ne tirant jamais sur une ligne parfaitement droite (1) manquent totalement de simultanéité dans l'émission de leur force musculaire ; de sorte qu'en doublant la dépense, il s'en faut qu'on double le résultat... Et plus on ajoute de chevaux, plus on aggrave la perte, *qui croît par une progression géométrique.* Cette vérité, triviale pour les hommes versés dans les arts, a été appliquée, par le seul instinct, dans quelques pays; on connaît les chariots Suisses et Comtois, le roulage accéléré, etc.

Quoi qu'il en soit, d'autres motifs et la routine ont consacré l'usage (quelquefois indispensable) d'atteler ensemble un certain nombre de chevaux; les hommes avisés savent en utiliser le

_____

(1) Dans les rues, surtout, où les embarras sont si fréquens, tantôt le limonier *tire seul,* tantôt les chevaux de devant tirent la charge et le limonier lui-même ; *ils ne sont jamais en ligne.*

temps et la force; pendant que leurs chevaux mangent ou se reposent d'une longue fatigue, on charge *complettement* la voiture, et dès le départ ils font ensemble l'effort qu'on peut en attendre.

Il n'en est pas du tout ainsi dans l'application des chevaux au nétoiement des villes, de Paris particulièrement... Là, trois chevaux sont attelés, *l'un devant l'autre*, à la même voiture, deux hommes suivent; partis ensemble dès le grand matin, hommes et chevaux, logés à une grande distance, perdent en la parcourant à vide tout leur temps et toute leur force, sans la moindre utilité pour le service. Arrivés au rendez-vous, ils perdent encore une heure à attendre l'ordre du départ... Il est enfin donné. Chaque attelage, composé de *cinq individus*, arrive à sa destination... Ici recommencent deux pertes de temps et de force qui se répètent à deux cent reprises et *alternativement*; car, pendant que les chevaux s'arrêtent pour recevoir une *pellée*, ils perdent de 3 à 5 minutes; les deux hommes seuls emploient alors leur temps et leur force; mais ils recommencent à les perdre dès que les chevaux tirent; pendant cette marche, sans doute, les chevaux emploient le temps, *mais n'emploient pas leur force*, car c'est trop de trois chevaux pour traîner quelques livres de résidus...

Ce n'est donc que du moment seul où le tombereau est chargé (souvent de matières très légè-

res), que les chevaux utilisent, à peu près, leur
temps et leur force. Sur huit heures, ils en ont
perdu six, les hommes autant... Ont-ils véritablement nétoyé ? hélas ! non, ils ont grossièrement
décombré ; car le public, *déposant sans cesse*,
à peine les boueurs ont-ils enlevé un petit tas et
gravement donné (quand ils le donnent) le cé-
lèbre coup de balai, si sacramentalement recom-
mandé *sous peine d'amende*, que le petit tas est
immédiatement remplacé par un plus gros, épar-
pillé par les chiffonniers ; en sorte que malgré cet
enlèvement *unique* du matin, les ordures persistent
sur la voie publique pendant vingt-quatre heu-
heures. *Il en coûte un million* pour ce service si
évidemment insuffisant ; il en coûterait deux mil-
lions si l'on voulait être un peu moins sale et
repasser deux fois par jour dans toutes les rues,
comme il le faudrait rigoureusement.

Je ne parlerai pas des obstacles sans cesse re-
naissans qu'opposent ces lourds tombereaux à la
libre circulation ; il n'y a qu'un cri contre cet
abus insupportable.

Plein de cette conviction, j'ai introduit, *provi-*
soirement, sur la 13ème division l'usage de peti-
tes voitures *à courts moyeux attelées d'un seul*
cheval; pour le service définitif qui va être décrit,
il suffit de substituer des camions aux tombereaux
et d'établir des cantonniers-nétoyeurs-perma·
nens.

Paris doit être divisé en quarante-huit sections, nombre des commissaires de police.

Les habitans ne pourront jeter ni déposer aucune ordure sur la voie publique.

Des camions perfectionnés., attelés d'un seul cheval, surmontés de caisses, recevront deux fois par jour, le matin et le soir, tous les résidus domestiques.

Hors des barrières, le plus à la portée possible de chacune des quarante-huit divisions, seront établis quarante-huit ateliers couverts servant d'entrepôts-passe-debout aux produits de l'enlèvement, triage et classification. Tout ce qui sera sujet à fermentation et émanation dangereuse, par conséquent éminemment propre à l'engrais des terres, sera immédiatement chargé sur des voitures couvertes qui partiront de suite pour des destinations éloignées, assurées d'avance.

Les débris horticulaires, les pailles, les fougères, feuilles de châtaignier et autres matières sèches, légères et volumineuses, entièrement inodores et exemptes de toute fermentation, seront vendues pour nourriture d'animaux, emballages, litières, couches, etc.; elles entreront aussi, comme les palliassons et autres résidus combustibles, dans la fabrication des cotrets, briquettes, bûches factices ; les poteries cassées, les pierres, gros platras, briques, tuiles, ardoises et gravois, ordinairement mêlés avec les fumiers, seront convertis en moëlons factices; les cendres, suies, terres, mâche-fers et gravois pillés seront employés comme absorbant dans le service des urinaux et latrines, au moyen de quoi *toutes voieries deviennent absolument et naturellement supprimées.*

Pour faciliter aux habitans le moyen de se débarrasser de leurs résidus, les deux passages des camions pourraient ne pas suffire aux retardataires (1); ainsi, soit pour y suppléer, soit pour l'enlèvement continu des ordures accidentelles d'emballage, déballage sur la rue, crottins de chevaux, etc., il sera établi de nombreux cantonniers-nétoyeurs-permanens, munis de hottes, brouettes et petits charriots à bras sur roues basses, armés de caisses et paniers, dont le peu de frais *et l'excellent résultat ont été constatés* par deux mois d'expériences sur les rues de Clichy et de la Chaussée-d'Antin. Les produits de ce cantonnage-permanent seront versés dans les camions lors du service du soir.

Les chiffonniers actuels seront employés de préférence à toutes ces manipulations; ils feront leur choix et triage dans les entrepôts hors barrières, dès l'arrivée des camions du soir et du matin.

---

(1) Pendant long-temps, il y aura sans doute désobéissance à l'ordre de jeter immédiatement les ordures dans les camions; aussi les conducteurs et les cantonniers seront munis de pelles et balais pour enlever les dépôts furtifs.

Les écailles d'huîtres seront broyées à la meule ou autrement, pour servir à l'engrais des terres.

Toutes les manipulations dont on vient de parler n'exigeant ni adresse ni force, emploieront un grand nombre d'infortunés de tout âge et de tout sexe, et concourront puissamment *à l'extinction de la mendicité.*

Balayage à la charge de la Ville.

Il s'est fait jusqu'ici d'une manière déplorable ; il doit l'être par des cantonniers *ad-hoc* et différemment, suivant les localités : 1° Sur les quais, les ponts, les boulevards et les places publiques, au lieu de traîner au balai les boues ou les poussières à d'immenses distances, les cantonniers, munis d'un véhicule à bras, surmonté d'un nombre convenable de vases appropriés à ce service, et de grandes pelles à rebords en tôle, ne font parcourir qu'une surface restreinte à la capacité de la pelle ; les résultats sont immédiatement introduits dans les vases mobiles du petit chariot à bras ; quand il est chargé, on va déposer les résultats dans une grande voiture en station ; on recommence jusqu'à ce qu'elle soit pleine, et les chevaux viennent l'enlever à heure fixe : la pratique apprendra quelles seront les heures de cet enlèvement.

2° Dans les rues, les cantonniers attachés à cha-que subdivision, *en qualité de balayeurs*, se join-dront aux cantonniers ordinaires qui auront fini le premier enlèvement : les habitans seront aver-tis par tous les moyens connus, que le balayage va commencer par le point culminant de la rue ; on lâchera les bornes fontaines, les vasques et tuyaux des fontaines ordinaires, on fera jouer les pompes domestiques, et l'on y joindra, au besoin, les eaux des puits ; quelques cantonniers apporte-ront de l'eau dans les chariot-tonneaux, etc. ; les grilles des égouts seront soigneusement fer-mées ; les gardiens des grilles seront à leur poste pour retirer à la pelle, au rateau, au rable et au balai, tout ce qui se présentera au-devant des grilles et pourrait les obstruer. Au premier signal, tous les bras seront en mouvement et dans peu de minutes, les rues et les ruisseaux se-ront parfaitement nétoyés en toute saison. Les gardiens des grilles les surveilleront pendant la journée et feront des rondes de nuit. L'un d'eux couchera tout près de sa grille pour la re-lever au besoin au moment des averses, qui sont rares la nuit suivant, les observations météo-rologiques.

Les cantonniers de toute destination repren-dront leur travail et le continueront le reste de la journée, mais de la manière la plus inaperçue possible, sans gêner la circulation ; il n'y aura pas un moment de perdu lorsque la pratique aura sanctionné la théorie sur les différens points.

Au lieu de ces procédés bien simples, examinons rapidement le mode actuel. Quelle que puisse être l'excessive délicatesse des préposés en chef, comment s'assurer qu'à travers un si grand nombre d'employés, d'ouvriers, d'outils, *de balais, surtout, qui ne servent que pendant deux ou trois heures, et sont renouvelés tous les jours*, il ne se glisse aucune erreur, aucun abus, aucun gaspillage?

Au centre d'une ville immense, il n'existe *qu'un seul dépôt d'outils* (1), *un seul rendez-vous de tant de malheureux affaiblis par l'âge et les infirmités*, et qui, par une économie forcée, habitent aux extrémités de la ville. Ils perdent beaucoup de temps, épuisent le peu de force qui leur reste, pour se traîner péniblement de leur demeure au dépôt d'outils, et puis *de ce lieu central*, à toutes les extrémités de la capitale. Ils ne peuvent commencer que fort tard, et quittent *cependant* l'ouvrage à onze heures; ils reçoivent *cependant* 18 sols pour ce travail d'un instant, qui coûte *en sus* trois sols de balai par homme..... Quelle *simultanéité* obtenir à travers ce désordre? Et *cependant*, dirais-je encore, quelle propreté attendre d'un service tardif, intermittent, saccadé, dépourvu de tout

_____

(1) Au Marché-Neuf près la Morgue.

ensemble avec les autres opérations de balayage par les habitans, et de l'enlèvement par les tombereaux *qui sont partis avant ce balayage de la ville.* Que deviennent ces *balais quotidiens?* Que deviennent, surtout, les ordures entassées par ces balayeurs hors la présence et après le départ des tombereaux chargés de les enlever? Ces tas sont effacés, éparpillés sur la voie publique, et *réclament, le lendemain, un nouveau balayage.*

Il en est à-peu-près de même pour le balayage par les particuliers, et même pour celui mal effectué par les entreprises particulières; l'intermittence et le défaut d'ensemble sont là, comme en tout, véritablement scandaleux : on peut affirmer, sans craindre d'être contredit, qu'il s'écoule une, deux, trois et jusqu'à cinq heures entre un balayage et le subséquent.

Dans mon système, il doit être établi pour chaque division un dépôt d'outils et une brigade de balayeurs, qui seront logés dans la division même, et qui commenceront le balayage des MOLANGES (1) et eaux stagnantes, dès le grand matin avant la circulation, comme il doit en être usé pour tous les autres balayages.

Arrosemens.

C'est à l'analyse, à l'introduction de la science

---

(1) C'est-à-dire fange très-liquide.

dans les arts, qu'ils doivent et qu'ils devront l'avancement dont ils sont suceptibles. L'arrosement est aussi un art, traité jusqu'ici par l'imprévoyance et la routine.

On l'a dit ailleurs pour la boue, elle ne tombe pas du ciel; il n'en tombe pas non plus de la poussière. Le balayage fait à temps, mais bien exactement et à fond, dispenserait seul de l'arrosement, excepté ce qui est indispensable pour éviter la chûte des chevaux. L'arrosement et le balayage sont donc intimement liés, et doivent ne former qu'un même service. C'est par un balayage rigoureux et exécuté le plus grand matin possible, même pendant la nuit, que l'on fera cesser le fléau justement redouté de la poussière.

Moyens de prévenir la formation des Glaces sur la voie publique.

Ce fléau redoutable et ruineux pour la ville, n'est dû qu'à la necessité actuelle de jeter ou laisser couler dans les rues les eaux ménagères, à l'absence d'égouts ou canivaux pour les eaux de fontaines, de bains, etc.; il n'est pas possible de supporter plus long-temps cet affreux désordre. De bons réglemens de police pour les bains et les fontaines, la prise à domicile des eaux domestiques aux frais de l'administration, qui y gagnerait 90 pour 100, sont expliqués dans un premier

mémoire. Il est certain que ces mesures impor-
tantes, mais d'un succès infaillible, ne peuvent
être employées immédiatement au milieu des ha-
bitudes déplorables qui, parce qu'elles datent de
plusieurs siècles, semblent à la routine devoir
persister jusques à la consommation des siècles.
Deux ans, au plus, de patience, d'instructions
claires et précises, de sévérité modulée, prépare-
ront la mise en pratique de ces procédés bienfai-
teurs.

En attendant, la prise à domicile deux fois par
jour de tous les résidus domestiques, et l'enlèvement continuel, opéré par les cantonniers-per-
manens, amélioreront sensiblement le sauvage
service actuel en temps de neige et de glaces.

On aurait peine à croire, si les faits n'étaient
pas publics, que pendant la congélation, les tombereaux de boueurs et de voleurs de fumier ces-
sent brusquement toute espèce d'enlèvement de
résidus et d'ordures; l'agriculture est frustrée de
ces engrais; les entrepreneurs, du prix qu'ils en
auraient obtenu; et *par leur mixtion avec les neiges et glaces*, l'administration est condamnée à
les manier à ses frais pour en empester les quais,
les boulevarts, les places publiques... Elle les re-
manie pour en précipiter une partie dans la Seine
et recharger l'autre une seconde fois pour les
transporter, au mois de mars, sur des points un
peu plus reculés, etc.

Par la prise des résidus à domicile, les glaces

du moins resteront pures ; les engrais seront con-
servés à l'agriculture, et leur valeur à l'entrepre-
neur comme dans les autres saisons ; la ville ne
supportera que le transport de ces neiges et glaces
pures, ce transport ne sera plus fait à de si grandes distances, puisque, n'embarrassant plus que
par leur masse, ne jetant plus l'effroi par leur
infection et leur aspect hideux, elles pourront
être placées sur un grand nombre de points rap-
prochés de leur enlèvement. Tout remaniement
deviendra superflu ; elles pourront fondre sur
place : j'ai démontré qu'une grande partie pourra
être jetée dans les égouts les plus voisins, sans le
moindre inconvénient.

Curage des Egouts.

Indépendamment des grilles à mailles serrées,
placées devant les gueules d'égouts, jouant sur
pivot verticalement pour être relevées à volonté
sans embarrasser la voie, chaque gueule aura
une vanne à bascule que les eaux ouvriront faci-
lement, et qui retombera sur son sens vertical
par son propre poids. Cette précaution est indispensable pour garantir des émanations redouta-
bles qui s'en échappent constamment : on a parlé
des gargouilles et cuvettes qu'on pourra proposer
en temps et lieux ; bien entendu que ces cons-
tructions seraient à la charge de la ville.

Tous les moyens préventifs ne pouvant assurer

que les égouts ne réclameront jamais aucune espèce de curage, on trouve au dépôt des nombreux appareils conçus et exécutés par M. Chaumette, une herse à vanne mobile, qui sera ma-
nœuvrée à l'extérieur sans exposer la vie des
hommes.

Pavage des Rues.

L'auteur en a fait l'objet d'un écrit particulier,
indiquant les abus du système actuel et des
moyens de les faire cesser.

Urinaux et Latrines.

Ils reposent sur des principes d'absorption qui
les rendent véritablement inodores; on en voit
les modèles au dépôt des autres appareils.

Objets traités dans des Ecrits séparés.

1° L'inconvénient insupportable du sciage et
entrepôt du bois à brûler dans les rues, même les
plus étroites, et moyens de faire cesser cet abus.

2° La mauvaise manière d'échaffauder sur fa-
çades, qui laisse tomber des platras, des pierres,
des outils, etc., menace les passans et couvre la
voie d'ordures. Il faut envelopper les échaffau-
dages de planches jointes, toiles, etc.

3° Prohiber l'innombrable quantité de bouti-
ques sur roues qui encombrent la voie.

4° Multiplier les fontaines de pure utilité; les placer dans des enceintes et cours intérieures, et non sur la voie publique, sauf les fontaines de luxe, au milieu des places vastes, dont elles sont le plus bel ornement; supprimer les porteurs d'eau sur roues; substituer des hottes en ferblanc et à robinet à ces deux sceaux en sautoir qui gênent la circulation, mouillent les rues et les montées.

5° Veiller strictement aux soupapes des fontaines anciennes et à construire, afin qu'il ne se perde pas une goutte d'eau, et pratiquer des canivaux ou tuyaux souterrains pour que l'eau de trop plein des fontaines ne coule pas dans les rues, *notamment en hiver*, etc., etc.

Nota. M. Chaumette ayant pris brevet pour son Système de Salubrité, le met sous la sauvegarde de la loi et des autorités. Elle ne voudront pas le frustrer de tant d'avances et de recherches; il est bien assuré que si d'autres que lui sont chargés de mettre ce système en pratique, ce ne sera qu'après avoir traité avec lui de son indemnité.

CHAUMETTE.

www.ingramcontent.com/pod-product-compliance
Lightning Source LLC
Chambersburg PA
CBHW060720280326
41933CB00012B/2504